MEIN KUNTERBUNTES
KINDERKOCHBUCH

Cristina Macía
Fotos: Cristina Rivarola

MEIN KUNTERBUNTES
KINDERKOCHBUCH

Einfache Rezepte und lustige Deko-Ideen

INHALT

FRÜHLING

SOMMER

HERBST

WINTER

SCHNELL

DAUERT ETWAS

LANGSAM

LEICHT

MITTELSCHWER

SCHWER

FRÜHLING

Die Tage werden immer länger und die Wintermäntel verschwinden im Schrank. Die ersten süßen Früchte kommen auf den Markt und alles wird bunter. Der Frühling ist da!

Im Frühling...

... kommt der **Spargel** für ganz kurze Zeit. Für Kinder ist sein Geschmack oft etwas ungewohnt.

... probiert mal einen **Erdbeer-Shake.** Bittet einen Erwachsenen, euch mit dem Mixer zu helfen. Ihr braucht dazu nur Erdbeeren, Bananen und etwas Milch.

... wenn ihr euch mal schlapp fühlt, zu nichts Lust habt und die Schulaufgaben nerven, dann helfen **Trockenfrüchte** und **Bananen**. Die bringen euch bestimmt wieder auf die Beine.

... nascht mal **frische Johannisbeeren.** Die **leuchten knallrot**, schmecken allerdings etwas sauer. Ihr könnt sie einfach mit dem Mund von den Rispen streifen.

... geht mit euren Eltern auf dem Markt **weiß-lila Mairüben** kaufen. Die gibt es nur im Frühling. Sagt den Erwachsenen, sie sollen die zarten Rübchen nur ganz kurz dünsten. Lecker!

… sind die ersten leckeren **Pfirsiche** aus Spanien und Italien da. Probiert sie einfach mal!

… gibt es weniger **Orangen**, aber jetzt kommen erste **Birnen** aus Deutschland auf den Markt. Hmm, sind die fein …

… ist die Zeit für **Smoothies**, Säfte aus ganzen Früchten. Lasst euch von euren Eltern mal zeigen, wie das mit einem Mixer geht.

… sind die **Erdbeeren** köstlich, aber esst sie bloß nicht mit tonnenweise Zucker. Dann freuen sich auch eure Zähne.

… fühlen wir uns manchmal schlapp. Was da hilft?
Herzhafte Salate!

Gemüse-Schmetterling

Salatblume

Nudelnest mit Ei

Marienkäfer

Bunter Fisch-Spieß

Regenbogen-Reis

Bunte Obsttörtchen

Birnen-Maus

DAS BRAUCHT IHR FÜR 2 PERSONEN

100 g Couscous
1 rote Paprika
2 EL gekochte Erbsen
2 EL Mais aus der Dose

4 Stangen gekochter grüner Spargel
2 Babykarotten

Gemüse-Schmetterling

30"

LANGSAM

MITTELSCHWER

UND SO GEHT ES

1 Mit Hilfe eines Erwachsenen die kleinen Karotten gut waschen und dann kochen oder dünsten. Bereitet nebenbei den Couscous nach Packungsanleitung zu.

2 Formt die Außenseiten der Flügel mit roten Paprikastreifen, füllt Couscous hinein und legt als Schmetterlingskörper die Karotte in die Mitte. Dann mit Erbsen, Maiskörnern und Spargeln verzieren.

3 Wenn ihr gerade keine Babykarotten habt, nehmt einfach jeweils die Hälfte einer kleinen, geschälten Karotte.

4 Zum Verzieren könnt ihr natürlich auch ganz andere Dinge nutzen. Guckt mal im Kühlschrank nach. Gemüsestückchen sind am besten, je frischer, desto besser!

DAS BRAUCHT IHR FÜR 2 PERSONEN

2 kleine Romana-Salatherzen
150 g Mais aus der Dose
10 schwarze Oliven ohne Steine
50 g Naturjoghurt

50 g Mayonnaise
Salz
Ketchup (auf Wunsch)

Salatblume

15"

SCHNELL

LEICHT

UND SO GEHT ES

1 Rührt den Joghurt mit einer Gabel gut durch und gebt dabei die Mayonnaise mit hinein.

2 Füllt die Soße in eine kleine Schale und nehmt zum Verzieren die schwarzen Oliven in Scheiben und nach Belieben einen Klecks Ketchup.

3 Schneidet bei den Salatherzen den Strunk heraus. Wascht die Blätter und trocknet sie. Legt sie im Kreis auf einem Teller aus, die großen nach außen, die kleinen nach innen. So sehen sie wie Blumenblätter aus.

4 Streut Maiskörner und etwas Salz darüber. Die Joghurt-Mayonnaise kommt in einer Schale in die Mitte. Zum Essen die Salatblätter mit den Fingern einfach in die Soße tunken. Aber für den Mais braucht ihr eine Gabel!

14

Nudelnest mit Ei

LANGSAM

SCHWER

UND SO GEHT ES

1 Erhitzt mit Hilfe eines Erwachsenen Wasser in einem großen und einem kleinen Kochtopf. In den kleinen Topf legt ihr dann ganz vorsichtig die beiden Eier. In den großen Topf kommen etwas Salz und die Nudeln.

2 Die Nudeln kocht ihr nach Packungsanleitung und lasst sie danach abtropfen. Die Eier nach acht bis zehn Minuten unter kaltem Wasser abschrecken.

Anschließend pellen und so aufschneiden, dass das Eigelb zu sehen ist.

3 Gebt in jede Schale jeweils die Hälfte der heißen Tomatensoße. Rollt mit einer Fleischgabel die Nudeln zu einem Nest und setzt es darauf. In die Mitte setzt ihr dann jeweils ein „Küken" und … aufgetischt!

DAS BRAUCHT IHR FÜR 2 PERSONEN

1 Romana-Salatherz
6 Mozzarella-Minis
6 Kirschtomaten

6 schwarze Oliven ohne Steine
Öl und Salz

Marienkäfer

15"

SCHNELL

LEICHT

UND SO GEHT ES

1 Nehmt die Mozzarella-Minis aus der Verpackung. Den Rest stellt ihr in den Kühlschrank oder nascht ihn schnell weg.

2 Schneidet aus den Salatherzen den Strunk heraus. Dann wascht und trocknet ihr die Blätter.

3 Legt die Salatblätter auf einen Teller und gebt die Mozzarella-Kügelchen darauf. Dann formt ihr die Flügel der Marienkäfer aus den halbierten kleinen Tomaten.

4 Mit Stückchen der schwarzen Oliven gestaltet ihr die Köpfe und die Punkte auf den Flügeln. Zum Schluss gebt ihr noch etwas Olivenöl und Salz über eure Marienkäfer. Das schmeckt super!

DAS BRAUCHT IHR FÜR 2 PERSONEN

100 g Lachswürfel
100 g Seelachs- oder Kabeljau-
  würfel
100 g Surimi-Stücke
1 Avocado

2 kleine Tomaten
1 Spritzer Zitronensaft
Wasser
Öl und Salz
2 Holzspieße

Bunter Fisch-Spieß

DAUERT ETWAS

MITTELSCHWER

UND SO GEHT ES

1 Mit Hilfe eines Erwachsenen kocht oder bratet ihr die Fischstückchen ganz vorsichtig, damit sie nicht auseinanderfallen.

2 Gebt Wasser mit einem Schuss Zitronensaft in eine Schale. Dann schneidet ihr die Avocado durch, nehmt den Kern heraus und schält sie. Anschließend würfelt ihr das Fruchtfleisch und legt die Stückchen in das Zitronenwasser.

3 Wascht dann die kleinen Tomaten.

4 Nun spießt ihr alle Stücke so auf, dass die Farben einen schönen Kontrast ergeben. Darüber gebt ihr noch ein paar Tropfen Olivenöl und ein bisschen Salz. Fertig sind die bunten Spieße!

20

DAS BRAUCHT IHR FÜR 2 PERSONEN

140 g Reis
2 Karotten
2 EL Erbsen
2 EL Mais

200 ml Tomatensoße
100 g Kochschinken
Salz

Regenbogen-Reis

UND SO GEHT ES

LANGSAM

MITTELSCHWER

1 Mit Hilfe eines Erwachsenen kocht ihr den Reis in Salzwasser so lange, wie es auf der Packung steht.

2 Auch bei den anderen Zutaten helfen euch die Großen bestimmt. Karotten, Erbsen und Mais müssen gekocht sein und in kleinen Stücken oder Streifen zum Verzieren bereitliegen.

3 Sobald der Reis fertig ist, kommt er in die Schale. Darauf legt ihr dann in Form eines Regenbogens die anderen Zutaten.

4 Mit Tomatensoße servieren und aufessen, auch wenn es schwerfällt. Denn der Regenbogen-Reis sieht so toll aus!

6 Muffins
6 TL Konfitüre

200 g Obst (1 Kiwi, Erdbeeren, Pflaumen)
Etwas Sprühsahne
Deko-Streusel aus Zucker oder Schokolade

Bunte Obsttörtchen

SCHNELL

LEICHT

UND SO GEHT ES

1 Die Muffins von oben mit einem Löffel ganz vorsichtig aushöhlen, damit sie nicht zerbrechen. In die Kuhlen steckt ihr kleine Obststücke. Was ihr aus den Muffins vorher rausgelöffelt habt, schiebt ihr einfach heimlich in den Mund.

2 Jetzt tröpfelt ihr die Konfitüre auf die Früchte. Wenn ihr mehrere Muffins macht, nehmt rote, gelbe und grüne, so wird es noch bunter. Darüber kommt etwas Schlagsahne. Verziert alles mit Schokostückchen, bunten Streuseln oder Zuckerblumen. Schnell servieren, sonst zerläuft die Sahne.

Birnen-Maus

SCHNELL

LEICHT

UND SO GEHT ES

1 Noch nie war es so lustig, eine Maus zu essen! Damit die Birne auf dem Teller nicht wegrollt, schneidet ihr einfach an einer Seite ein Stück ab.

2 Mit einer Messerspitze pikst ihr kleine Schlitze für Ohren, Augen und Schwanz in die Birnen. Ein Erwachsener hilft euch bestimmt dabei.

3 Für den Schwanz nehmt ihr ein langes Stück von den Lakritzschnecken, für die Augen zwei kleine Stücke. Aus den Mandeln entstehen die Ohren.

4 Mäuse lieben Käse. Darum legt jeweils ein Stück Gouda zu eurem Kunstwerk. Aber den esst ihr am besten ganz schnell auf, bevor die Birnenmaus das tut …

SOMMER

Sommerferien, Hitze, Strand oder Berge, Tage im Schwimmbad und mehr Zeit zum Spielen … Der Sommer ist wirklich die schönste Jahreszeit, oder?

Im Sommer...

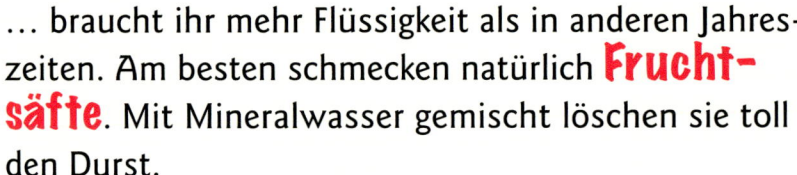

... braucht ihr mehr Flüssigkeit als in anderen Jahreszeiten. Am besten schmecken natürlich **Frucht-säfte**. Mit Mineralwasser gemischt löschen sie toll den Durst.

... habt ihr manchmal weniger Appetit und seid vom Spielen abgelenkt. Doch genau dann sind **Salate mit ganz vielen Vitaminen** für euch wichtig.

... habt ihr die größte Auswahl an **Obst**, darunter Erdbeeren, Kirschen und Pfirsiche. Was mögt ihr am liebsten?

... gibt es tolles einheimisches **Gemüse**. Kauft mal mit euren Eltern frische Erbsen auf dem Markt. Pult sie aus der Schote, und dann ab in den Mund. Das knackt vielleicht!

... könnt ihr mit Hilfe von Erwachsenen mit dem Entsafter tolle **Frucht-** und **Gemüsesäfte** herstellen.

… ist Händewaschen besonders wichtig, vor allem wenn ihr direkt nach dem Spielen im Sandkasten oder Matsch Obst esst.

… probiert mal frische, knackige **Wachsbohnen** in dieser Zeit. Ihr werdet sie lieben!

… **Eis** essen ist auch klasse und erfrischend, doch übertreibt es nicht, die meisten Sorten enthalten unheimlich viel Zucker.

… pflückt selber einen **Sommerapfel** vom Baum und beißt ganz schnell rein. Hmm, ist der saftig. Davon wollt ihr sicher noch mehr …

… wenn es ganz heiß ist, probiert zur Abwechslung einfach mal eine **ganz kalte Gemüsesuppe** namens Gazpacho, wie die Spanier das machen.

Hähnchen-Strand

Nudel-Clown

Käse-Lachs-Fächer

Würstchen-Bus

Bunter Fisch

Zitroneneis

Vitamin-Express

Erdbeerblume

DAS BRAUCHT IHR FÜR 2 PERSONEN

2 Hähnchenbrustfilets
1 Karotte
2 Käsesticks
2 Kirschtomaten
60 g Eisbergsalat

Öl, Salz und Pfeffer
Oliven, Pfefferkörner oder Rettich
2 Orangen
2 Holzspieße

Hähnchen-Strand

LANGSAM

SCHWER

UND SO GEHT ES

1 Klopft mit einer Pfanne auf die Hähnchenbrustfilets, damit sie etwas flacher werden. Legt aber vorher Klarsichtfolie auf das Fleisch. Bratet die Filets mit Hilfe eines Erwachsenen in einer Pfanne, streut etwas Salz und Pfeffer darüber und lasst sie abkühlen. Dann schneidet ihr sie in dünne Streifen.

2 Nebenbei schält ihr die Karotte und kocht oder dünstet sie (nicht zu weich, sonst verliert sie zu viele Vitamine!).

3 Der Salat kommt jeweils oben auf den Tellerrand. Das ist die Düne mit Strandhafer. Darunter kommen die Hähnchenbruststreifen als Strand. Und darauf liegen die Badegäste: Karottenstangen und Käsesticks mit Köpfen aus einer Karottenscheibe oder einer halben Kirschtomate. Aus kleinen Olivenstückchen, Pfefferkörnern oder Rettich entstehen im Nu die Augen.

4 Für den Sonnenschirm nehmt ihr jeweils den oberen Teil einer Orange und steckt ihn auf einen Holzspieß.

DAS BRAUCHT IHR FÜR 2 PERSONEN

2 Eier
200 g Spiralnudeln, gekocht
2 EL Käse, gerieben
4 schwarze Oliven ohne Steine

1 Tomate
Ketchup, Öl und Salz

Nudel-Clown

DAUERT ETWAS

MITTELSCHWER

UND SO GEHT ES

1 Schlagt die Eier mit zwei Prisen Salz in eine Schüssel. Nehmt eine Gabel und rührt die Eier gut durch. Ein Erwachsener hilft euch dann sicher, daraus zwei runde Pfannkuchen zu backen. Nehmt dafür die kleinste Pfanne, die ihr daheim habt, und etwas Öl. Wendet die Pfannkuchen einmal. Das geht am besten mit einem flachen Teller.

2 Erhitzt die Nudeln in der Mikrowelle. Sie dürfen übrigens gerne vom Vortag sein.

3 Jetzt kommen die Pfannkuchen jeweils auf einen Teller. Darauf verteilt ihr Nudeln als lockige Haare. Darauf kommt geriebener Käse, damit es noch schöner aussieht.

4 Dann beginnt die große Kunst: Formt aus Olivenstückchen Augen, den Mund aus Tomate und die Wangen aus Ketchup. Lasst eurer Fantasie freien Lauf!

DAS BRAUCHT IHR FÜR 2 PERSONEN

100 g Räucherlachs
1 Scheibe Gouda in Streifen
1 Scheibe Edamer

Dill und Radieschenscheiben

Käse-Lachs-Fächer

15"

SCHNELL

LEICHT

UND SO GEHT ES

1 Legt den in Streifen geschnittenen Lachs jeweils auf einem Teller in Fächerform aus (wenn die Streifen zu dünn sind, einfach je zwei aufeinander) und dazwischen als Fächerstäbe die Gouda-Streifen.

2 Danach schneidet ihr den Edamer vorsichtig zu kleinen Dreiecken und zu zwei Griffen und legt alles wie auf dem Bild auf die Teller.

3 Den Lachs könnt ihr mit etwas Dill verzieren. Aber nehmt nur wenig, Dill schmeckt sehr intensiv.

4 Mit den Radieschenscheiben verschönert ihr dann noch die Griffe.

DAS BRAUCHT IHR FÜR 2 PERSONEN

2 Hotdog-Brötchen
2 Hotdog- oder
   Schinkenwürstchen
2 Tomatenviertel

2 Gewürzgurken in Scheiben
1 Karotte in Scheiben
Mayonnaise und Ketchup

Würstchen-Bus

15"

SCHNELL

LEICHT

UND SO GEHT ES

1 Schneidet die Brötchen auf und legt jeweils eine Hälfte mit der aufgeschnittenen Seite nach oben auf einen Teller. Darauf legt ihr die Würstchen und gebt in Schlangenform Mayonnaise und Ketchup darüber.

2 Jetzt braucht ihr Schulkinder als Passagiere. Dafür schneidet ihr in die oberen Brötchenhälften kleine Schlitze. Dann einfach Gurkenscheiben als Körper reinstecken.

Als Köpfe setzt ihr Karottenscheiben darauf. Mit einem Klecks Ketchup halten die Köpfe besser.

3 Zum Schluss gestaltet ihr aus Mayonnaise und Ketchup die Busräder, aus dem Tomatenviertel entsteht jeweils die Kühlerhaube. Fertig ist der Schulbus. Alle einsteigen, es geht los!

Bunter Fisch

20"

DAUERT ETWAS

MITTELSCHWER

UND SO GEHT ES

1 Schneidet das Weißbrot in Fischform aus.

2 Jetzt legt ihr die Brot-Fische vorsichtig auf zwei Teller und bestreicht sie dünn mit Käse.

3 Auf einem Brett schneidet ihr das Fruchtgelee in längliche Streifen für den Schwanz und in kleine runde Formen für die Schuppen. Wenn ihr keine Ausstechform habt, nehmt einfach einen Fingerhut oder ein Schnapsglas.

Lasst eurer Fantasie freien Lauf! Und statt Fruchtgelee sehen die Fische auch mit Wassermelone oder einer anderen leuchtenden Frucht ganz toll aus.

4 Verschiedenfarbige Fruchtstreifen für den Schwanz schauen prima aus. Und aus dem Rest der Weißbrot-scheibe gestaltet ihr einfach die Luft-blasen im Wasser: Blubb … blubb … blubb.

DAS BRAUCHT IHR FÜR 2 PERSONEN

3 Zitronen
300 g Joghurt
2 Eiweiße

90 g Puderzucker
Eine Prise Salz

Zitroneneis

30"

LANGSAM

SCHWER

UND SO GEHT ES

1 Presst die Zitronen aus und mischt den Saft mit dem Joghurt und der Hälfte des Zuckers. Stellt die Masse eine Stunde in den Kühlschrank.

2 Jetzt schlagt ihr das Eiweiß mit einer Prise Salz. Ein Erwachsener hilft euch dabei mit einem elektrischen Rührgerät. Gebt den Rest vom Puderzucker langsam dazu. Der Eischnee ist perfekt, wenn er ganz steif ist.

3 Mischt den Eischnee mit eurem Zitronenjoghurt. Dabei müsst ihr ganz vorsichtig sein, sonst zerplatzen die kleinen Luftbläschen im Schnee. Und die machen das Eis besonders fluffig.

4 Jetzt kommt die Masse in die Eismaschine. Ihr habt keine? Dann stellt die Schüssel mit der Rohmasse einfach ins Gefrierfach und rührt sie immer mal wieder mit dem Schneebesen vorsichtig durch. So bleibt sie schön cremig. Fertig? Dann probiert schnell mal. Aber schleckt nicht alles auf einmal weg…

DAS BRAUCHT IHR FÜR 2 PERSONEN

1 Scheibe Wassermelone
   mit Schale
1 Scheibe
Honigmelone mit Schale

12 rote Weintrauben
2 grüne Weintrauben
Zahnstocher

Vitamin-Express

30"

LANGSAM

MITTELSCHWER

UND SO GEHT ES

1 Mit Hilfe eines Erwachsenen schält ihr die Wasser- und Honigmelone, aber hebt die Schalen auf.

2 Entfernt die Kerne und schneidet die Melonenscheiben in verschiedene Formen.

3 Baut jetzt Wagen und Lokomotive mit den Melonenstücken. Bastelt dann aus Trauben Schornstein und Räder.

4 Wer Zeit, Lust und Geschick hat, baut aus Zahnstochern und Melonenschale noch ein Dach für den Zug. Und jetzt das Signal zur Abfahrt!

44

Erdbeerblume

15"

SCHNELL

LEICHT

UND SO GEHT ES

1 Legt je eine Scheibe Ananas auf einen Teller und füllt sie in der Mitte mit Johannisbeeren, so dass sie etwas hervorgucken.

2 Dann wascht und trocknet ihr die Erdbeeren und schneidet sie in der Mitte durch.

3 Die Hälften legt ihr jetzt so um die Ananas, dass sie wie Blumenblätter aussehen.

4 Wenn die Erdbeeren nicht besonders süß sind, könnt ihr etwas Ananassaft darübergießen, das ist leckerer als Zucker. Guten Appetit!

HERBST

Die Blätter werden bunt und fallen von den Bäumen. Der Herbst ist da. Nun seid ihr aus den Sommerferien zurück in der Schule und seht endlich wieder alle eure Freunde…
Worauf habt ihr Lust?

Im Herbst...

… habt ihr wieder Unterricht. Und für den Snack in den Pausen gibt es nichts Besseres als **Obst**.

… ist Erntezeit. Jetzt gibt es viele **einheimische Früchte**, wie Äpfel, Birnen und Brombeeren.

… kommt der Regen und die **Pilze** sprießen aus den Waldböden! Wenn ihr sie sammelt, nehmt einen erwachsenen Pilzkenner mit. Und wenn ihr unsicher seid: bloß nicht anfassen, denn manche sind giftig.

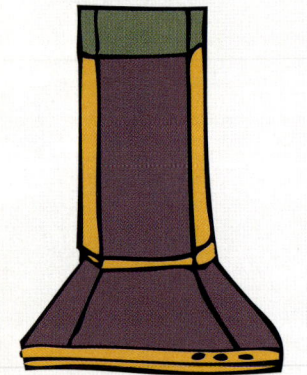

… ist **Halloween** inzwischen ein beliebtes Fest. In diesem Kapitel findet ihr dazu ganz wunderbar gruselige Rezepte.

… könnt ihr aus dem **Kürbis** noch viel mehr machen als Halloween-Gespenster.

… gibt es zum Beispiel leckere **Kürbissuppe**.

… kommen wieder **frische Orangen** aus dem Süden auf den Markt. Die sind nicht so süß wie im Winter, aber toll für Säfte.

… gibt es wieder **Trockenfrüchte**, mit denen ihr mindestens so viel Energie tankt wie mit einem Pausenbrot.

… sind jetzt vor allem **getrocknete Datteln, Feigen** und **Aprikosen** lecker und gut gegen Hungerattacken!

… kommen wieder mehr **warme Mahlzeiten** wie Suppen und Eintöpfe auf den Tisch. Fragt die Erwachsenen mal, ob ihr beim Zubereiten helfen dürft. Zu tun gibt es immer was.

… hängen ganz viele unterschiedliche **Äpfel** an den Bäumen. Bittet eure Eltern, auf dem Markt verschiedene Sorten zu kaufen. Ihr könnt sie selbst auswählen und probieren.

Pilze auf der Wiese

Raupennester

Spaghetti-Monster

Fruchtkörbchen

Buntes Knabberzeug

Pilzbäumchen

Vitamine am Spieß

Orangen-Schoko-Stern

DAS BRAUCHT IHR FÜR 2 PERSONEN

4 Eier
2 Tomaten
300 g Erbsen

Etwas Mayonnaise
Salz

Pilze auf der Wiese

30"

LANGSAM

MITTELSCHWER

UND SO GEHT ES

1 Mit Hilfe eines Erwachsenen bringt ihr Wasser in zwei Töpfen zum Kochen. In einen Topf gebt ihr vorsichtig die Eier. In den anderen Topf kommen Erbsen mit einer Prise Salz. Die Erbsen können auch gern tiefgekühlt sein.

2 Die Eier acht bis zehn Minuten hart kochen. Rausnehmen und am besten kurz unter kaltem Wasser abschrecken.

3 Die Erbsen kocht ihr weich. Danach helfen euch die Eltern, sie herauszunehmen und mit einem Mixer zu pürieren.

4 Das Erbsenpüree verteilt ihr jetzt auf zwei Tellern und stellt die geschälten und gekochten Eier darauf. Halbiert die Tomaten und höhlt die Hälften mit einem Löffel aus. Dann setzt ihr sie auf die Eier. Und die kleinen Pünktchen darauf gestaltet ihr aus Mayonnaise. Fertig sind die Pilze!

DAS BRAUCHT IHR FÜR 2 PERSONEN

4 Blätterteigpasteten
50 g Glasnudeln
60 g Eisbergsalat

1/2 Paprika in Streifen
1 EL rosa Cocktailsoße

Raupennester

UND SO GEHT ES

DAUERT ETWAS

LEICHT

1 Schneidet den Salat in ganz feine Streifen. Dazu nehmt ihr mit Hilfe eines Erwachsenen mehrere gewaschene und getrocknete Blätter übereinander, rollt sie zu einer Wurst zusammen und schneidet sie mit einem Messer klein.

2 In einer Schale vermischt ihr den Salat gut mit etwas Cocktailsoße. Die Glasnudeln bereitet ihr nach Packungsanweisung zu und schneidet sie anschließend in kleine Stücke.

3 Dann gebt ihr die Paprikastreifen und die Glasnudeln dazu und füllt den Mix in die Blätterteigpasteten. Dabei dürfen ein paar Glasnudeln aus dem Nest kriechen.

4 Ein paar der kleinen Glasnudel-Raupen legt ihr sogar neben die Pasteten. So sieht es aus, als seien die Raupen schon aus dem Nest gekrochen. Halloween kann kommen.

54

Spaghetti-Monster

30"

LANGSAM

SCHWER

UND SO GEHT ES

1 Mit Hilfe eines Erwachsenen kocht ihr die Nudeln in Salzwasser gar und lasst sie gut abtropfen.

2 Gebt etwas Olivenöl in eine Pfanne. Darin bratet ihr Hackfleisch und Zwiebeln gut durch.

3 Aus dem Hackfleisch formt ihr zwei Köpfe. Nehmt eine kleine Tortenform dafür, wenn ihr eine habt. Darüber platziert ihr die Nudeln als wilde Haare eurer Monster.

4 Den Mund gestaltet ihr mit jeweils einer Tomatenscheibe und die gefährlichen Zähne schneidet ihr aus der Käsescheibe. Die Augen bastelt ihr aus den gefüllten Oliven. Das sieht wunderbar schrecklich aus!

DAS BRAUCHT IHR FÜR 2 PERSONEN

1 Orange
4 EL gemischte Nüsse
2 EL Sultaninen

1 Erdbeere
Minzblätter
Zahnstocher

Fruchtkörbchen

15"

SCHNELL

SCHWER

UND SO GEHT ES

1 Halbiert eine Orange und höhlt sie ganz vorsichtig aus, damit die Schale möglichst ganz bleibt. Das Fruchtfleisch schneidet ihr in Würfel.

2 Hackt die Nüsse und esst zwischendurch ein paar von ihnen. Köche dürfen das!

3 Und vergesst auch den übrig gebliebenen Orangensaft nicht. Wenn ihr darin die Sultaninen einlegt, schmecken die noch besser.

4 Füllt nun die Sultaninen, Nüsse und Orangenstücke in die ausgehöhlten Orangenhälften und krönt das Ganze mit Minzblättern.

5 Für die Griffe schneidet ihr eine große Erdbeere in Scheiben und befestigt sie mit einem Zahnstocher. Und wenn ihr möchtet, legt in die Körbe noch ein paar Bonbons oder Gummibärchen.

DAS BRAUCHT IHR FÜR 2 PERSONEN

2 Karotten
100 g Surimi oder Würstchen
30 g Kartoffelsticks
   aus der Tüte

2 Tomaten
100 g Mais aus der Dose
2 EL Mayonnaise

Buntes Knabberzeug

UND SO GEHT ES

SCHNELL

LEICHT

1 Für dieses Rezept könnt ihr die Zutaten auch selbst wählen. Hauptsache, sie haben schöne rötliche und gelbe Herbstfarben.
Hier unser Vorschlag:

2 Schneidet die Karotte in Streifen und dann in kleine Quadrate. Verteilt sie auf zwei kleine Schalen. In jeweils zwei weitere kommen Surimi- oder Würstchenscheiben und die kleinen Kartoffelsticks.

3 Etwas schwieriger ist es, die Tomaten in kleine Stücke zu schneiden. Höhlt sie am besten mit einem Löffel aus und verwendet nur das feste Fruchtfleisch für die roten Würfel.

4 Jetzt müsst ihr bloß noch den Mais gut abtropfen lassen und ebenfalls in zwei Schüsseln geben. Die schönen Herbstfarben serviert ihr am besten mit Mayonnaise auf zwei Malerpaletten.

DAS BRAUCHT IHR FÜR 2 PERSONEN

1 Hähnchenbrustfilet
6 Champignons
100 g dünne grüne Bohnen
   (Prinzess-Bohnen)

7 Kirschtomaten
Knabbergebäck
Öl, Salz
   und Pfeffer

Pilzbäumchen

UND SO GEHT ES

LANGSAM

MITTELSCHWER

1 Legt das Hähnchenbrustfilet zwischen zwei Lagen Frischhaltefolie. Rollt mit dem Nudelholz darüber, damit es flacher wird. Dann bratet ihr es mit Hilfe eines Erwachsenen an (mit einer Prise Salz und Pfeffer), lasst es abkühlen und schneidet es in Streifen.

2 Dann kocht ihr mit elterlicher Hilfe die grünen Bohnen in Salzwasser und lasst sie in einem Sieb abtropfen.

3 Putzt dann die Champignons gründlich und schneidet sie in Scheiben. Ihr könnt auch Pilze aus der Dose nehmen. Aber frisch sind sie viel leckerer!

4 Jetzt richtet ihr die Teller an. Nehmt als Boden der Bäume Hähnchenstreifen und grüne Bohnen. Den Stamm baut ihr aus Knabbergebäck, aus ein paar Bohnen die Zweige und aus Champignons die Blätter. Die halbierten Tomaten werden dann die Äpfel im Baum.

DAS BRAUCHT IHR FÜR 2 PERSONEN

2 kleine Kartoffeln
1 große Karotte
6 Surimi-Garnelen, Erdbeeren
   oder eine Banane
6 grüne und 4 rote Weintrauben

10 Kirschtomaten
Öl und Salz
Holzspieße

Vitamine am Spieß

15"

SCHNELL

LEICHT

UND SO GEHT ES

1 Mit Hilfe von Erwachsenen kocht ihr die Kartoffeln, pellt sie und schneidet sie in große Würfel. Die bratet ihr dann in heißem Olivenöl kurz an.

2 Kocht die große Karotte und macht daraus Dreiecke. Streut eine Prise Salz darüber.

3 Schneidet jetzt die Surimi-Garnelen, Erdbeeren oder eine Banane in Stücke. Wascht dann die Trauben.

4 Jetzt spießt ihr Kartoffelwürfel, Karottendreiecke, Garnelen-, Erdbeer- oder Bananenstücke und die Trauben jeweils auf einen Holzspieß.

5 Legt nun die kleinen Tomaten in eine Tasse und steckt die Spieße darauf. Dann serviert ihr sie mit bunten Soßen.

DAS BRAUCHT IHR FÜR 2 PERSONEN

2 Orangen
10 kandierte Orangenscheiben
50 g dunkle Kuvertüre

Marzipanblätter oder grüne
Gummibärchen

Orangen-Schoko-Stern

LANGSAM

MITTELSCHWER

UND SO GEHT ES

1 Zerteilt die Kuvertüre in Stücke und lasst sie mit Hilfe eines Erwachsenen in der Mikrowelle oder auf dem Herd schmelzen. Bei ganz geringer Temperatur, damit die Schokolade nicht verbrennt. Danach mehrmals mit einer Gabel durchrühren.

2 Taucht die kandierten Orangenscheiben in die Schokolade. Lasst sie mehrere Stunden auf einer Folie ruhen.

3 Schält die Orangen und zupft das Weiße gründlich ab. Die Orangenstücke legt ihr dann wie Blumenblätter auf zwei Teller.

4 Zum Schluss legt ihr die mit der Schokolade überzogenen, kandierten Orangenscheiben in die Mitte und schmückt sie mit den Blättern oder den grünen Gummibärchen.

WINTER

Der Winter bringt Kälte und mit etwas Glück Schnee! Was aber ganz sicher kommt, sind heiße Schokolade und Weihnachten. Toll, oder?

Im Winter...

... gibt es heiße Getränke. Ein leckerer **Kakao** wärmt uns an kalten Tagen wieder auf. Klasse!

... gibt es ganz wunderbare Salate mit schönen Farben und Formen, darunter **Endivien-** und **Feldsalat**.

... ist das Essen an den Weihnachtstagen festlich. Hier findet ihr dazu viele schöne Rezepte.

... esst so viele **Mandarinen**, wie ihr mögt. Sie sind schnell gepellt und haben ganz viel Vitamin C.

... kommen ganz unterschiedliche Früchte und Gemüse auf den Tisch, vom **Bratapfel** bis zum **Kohl**.

... schmecken dampfend heiße **Kastanien** einfach am besten, oder?

… gibt es an Weihnachten viel **SüßES**. Aber passt auf, dass ihr nicht zu viel Stollen und Plätzchen esst. Das macht Bauchweh!

… ist die Zeit der **Nüsse**: Walnüsse, Mandeln, Haselnüsse …

… mögt ihr vielleicht nicht so gerne Joghurt und kalte Milch, aber Calcium braucht ihr an jedem Tag. Auch **warme Milch mit Honig** schmeckt lecker.

… ist **frisch gepresster Orangensaft** besonders vitaminreich und schmeckt gut.

Feuriger Vulkan

Verschneite Bäume

Schneemann

Kinder, ab ins Bett!

Valentins-herzen

Pinguin im Eis

Weihnachts-marzipan

Nugat-Eiszeit

DAS BRAUCHT IHR FÜR 2 PERSONEN

140 g Reis
200 ml Tomatensoße
12 Kirschtomaten

300 g Erbsen, tiefgefroren
oder aus der Dose

Feuriger Vulkan

SCHNELL

MITTELSCHWER

UND SO GEHT ES

1 Erbsen aus der Dose kommen eine Minute in die Mikrowelle. Tiefgekühlte dagegen kocht ihr mit Hilfe eines Erwachsenen in Salzwasser und lasst sie dann gut abtropfen.

2 Kocht den Reis nach Packungsanleitung mit Hilfe eines Erwachsenen.

3 Zum Servieren füllt ihr den fertigen Reis in eine Tasse und stürzt jeweils eine Portion auf zwei tiefe Teller. Das ist der Vulkan. Wenn die Form nicht so ganz gelungen ist, einfach mit einem Löffel nachhelfen.

4 Darüber kommt die Tomatensoße als Lava. Seitlich legt ihr die Erbsen und Kirschtomaten hin: Sie wirken wie Geröll.

DAS BRAUCHT IHR FÜR 2 PERSONEN

1 Brokkoli
500 g Kartoffeln
1/4 Liter Milch

1 TL Butter
2 Eier, gekocht
Wasser und Salz

Verschneite Bäume

LANGSAM

MITTELSCHWER

UND SO GEHT ES

1 Schneidet den Brokkoli in Röschen und kocht diese mit Hilfe eines Erwachsenen. Aber nicht zu lange, sonst werden sie zu weich und verlieren ganz viele Vitamine!

2 Kocht die Kartoffeln mit Schale. Pellt sie danach und zerdrückt sie mit einer Gabel. Leichter geht das, wenn ihr etwas Milch und Butter unterhebt.

3 Füllt den Kartoffelbrei in eine Schale und stellt die Brokkoli-Bäume darauf.

4 Zerdrückt das Weiße der gekochten Eier mit einer Gabel und verteilt es als Schnee über dem Brokkoli. Und schon habt ihr eine schöne Winterlandschaft auf dem Teller.

DAS BRAUCHT IHR FÜR 2 PERSONEN

2 große Kugeln Mozzarella
2 kleine Kugeln Mozzarella
1 Karotte

2 Kirschtomaten
1 rote und 1 grüne Paprika
2 gefüllte Oliven

Schneemann

SCHNELL

MITTELSCHWER

UND SO GEHT ES

1 Um die Schneemänner zu bauen, legt ihr jeweils eine kleine Mozzarellakugel auf eine große. Mit einem Zahnstocher hält das besser, aber esst den nachher bloß nicht mit!

2 Die Hüte bastelt ihr aus Karotten und Tomaten, die Schals aus roten Paprikastreifen und die Knöpfe aus den gefüllten Oliven.

3 Nehmt jeweils zwei grüne Paprikastreifen für die Skier. Wenn ihr Strohhalme habt, könnt ihr daraus noch Skistöcke bauen.

4 Zum Schneemann esst ihr am besten Reis.

DAS BRAUCHT IHR FÜR 2 PERSONEN

500 g Kartoffeln
6 Salatblätter
3 Frankfurter Würstchen
3 Kirschtomaten
2 schwarze Oliven ohne Steine

1 Karotte
1/4 Liter Milch und 1 TL Butter
Olivenöl und Salz
Streichkäse

Kinder, ab ins Bett!

45"

LANGSAM

SCHWER

UND SO GEHT ES

1 Kocht die Kartoffeln mit Schale. Pellt sie danach und zerdrückt sie mit einer Gabel. Gebt dabei die Milch und etwas Butter dazu.

2 Verteilt den Kartoffelbrei auf zwei Teller: als Bett.

3 Erhitzt die Würstchen in der Mikrowelle oder in heißem Wasser und zerteilt sie in zwei Teile.

4 Legt die Würste als „Kinder" auf das Kartoffelpüree-Bett und deckt sie mit Salatblättern zu. Aus den aufgeschnittenen Kirschtomaten entstehen die Köpfe.

5 Jetzt ist eure Fantasie gefragt. Bastelt aus Olivenstückchen die Augen und aus der Karotte Münder. Mit der restlichen Karotte und etwas Streichkäse verziert ihr zum Schluss die Bettwäsche.

6 Serviert das Gericht mit etwas Olivenöl und Salz über dem Salat.

DAS BRAUCHT IHR FÜR 2 PERSONEN

8 Scheiben Vollkorntoastbrot
100 g Frischkäse (Natur)
50 g Erdbeermarmelade

Zuckerperlen und Gummibärchen
Ausstecher in Herzform

Valentinsherzen

SCHNELL

MITTELSCHWER

UND SO GEHT ES

1 Als Erstes röstet ihr mit Hilfe eines Erwachsenen das Toastbrot.

2 Jetzt stecht ihr acht Herzen aus und legt je zwei übereinander: Streicht Frischkäse dazwischen.

3 Zwei Doppelherzen bestreicht ihr oben mit Marmelade, die anderen dick mit Frischkäse.

4 Legt sie auf einen schönen Teller und dekoriert sie noch etwas. Ihr könnt Schokostreusel, Zuckerperlen oder auch Gummibärchen verwenden.

DAS BRAUCHT IHR FÜR 2 PERSONEN

2 möglichst runde Becher
Frischkäse
1 Rolle Ziegenkäse

6 schwarze Oliven ohne Steine
2 Karotten
1 Kirschtomate

Pinguin im Eis

15"

SCHNELL

LEICHT

UND SO GEHT ES

1 Zunächst baut ihr die Iglus. Hierzu stürzt ihr die Becher mit Frischkäse vorsichtig auf eure Teller.

2 Und wer lebt im Iglu? Klar, die Pinguine. Die formt ihr aus einem runden Ziegenkäse, einer schwarzen Olive als Kopf und zwei halben Oliven als Flügel. Schnabel und Füße gestaltet ihr aus Karottenstücken.

3 Den Schornstein des Iglus baut ihr jeweils aus einer Olivenscheibe und einer Tomatenhälfte. Den Rest der Karottenstücke legt ihr einfach als Deko mit auf die Teller.

DAS BRAUCHT IHR FÜR 2 PERSONEN

250 g ganz fein gemahlene Mandeln
250 g Puderzucker
Eiweiß von 2 Eiern
100 g Puderzucker für die Glasur

Ein paar Tropfen
Lebensmittelfarbe
Zuckerperlen

Weihnachts-marzipan

LANGSAM

SCHWER

UND SO GEHT ES

1 Für das Marzipan gebt ihr die Mandeln und den Puderzucker in eine Schüssel. Dann ein Esslöffel Wasser drauf und gut vermischen, bis eine Knetmasse entsteht. Falls nötig, noch etwas mehr Wasser dazugeben, aber nicht zu viel!

2 Dann formt ihr mit den Händen oder Ausstechern die Figuren, bestreicht sie mit Eiklar und schiebt sie ein paar Minuten mit Hilfe eines Erwachsenen in den Ofen, damit sie etwas Farbe bekommen. Dann könnt ihr sie schon essen.

3 Das übrige Eiweiß mixt ihr mit Puderzucker, bis eine leimartige Masse entsteht. Die verteilt ihr auf mehrere kleine Schalen und färbt sie mit verschiedenen Lebensmittelfarben bunt.

4 Jetzt könnt ihr die Figuren damit bemalen und mit Zuckerperlen schmücken. Lasst alles gut trocknen. Fertig. So farbenfrohe Weihnachtsfiguren haben eure Eltern bestimmt noch nie gesehen!

DAS BRAUCHT IHR FÜR 2 PERSONEN

2 Kugeln Nugat-Eis
4 flache, runde Plätzchen
50 g dunkle Kuvertüre

Bunte Schokolinsen oder
Gummibärchen

Nugat-Eiszeit

SCHNELL

MITTELSCHWER

UND SO GEHT ES

1 Zerstückelt die Kuvertüre und füllt sie in eine Schale. Mit Hilfe eines Erwachsenen schmelzt ihr sie bei schwacher Hitze in der Mikrowelle oder auf dem Herd. Achtung, Schokolade verbrennt bei stärkerer Hitze schnell.

2 Nehmt die Schokolade hin und wieder vorsichtig aus der Mikrowelle oder vom Herd und rührt sie mit einer Gabel gut durch.

3 Das Nugat-Eis kommt nun jeweils zwischen zwei Plätzchen. Auf die Oberseite gießt ihr die flüssige Kuvertüre. Die Kunstwerke garniert ihr jetzt noch mit den bunten Schokolinsen, die diesem eher sommerlichen Rezept ein bisschen etwas Winterliches geben.

4 Sofort servieren, bevor das Eis zerfließt!

© 2012 Círculo de Lectores, S.A., Barcelona, Spanien
© 2012 Cristina Macía
Alle Rechte vorbehalten.
© 2015 für die deutsche Ausgabe:
Xenos Verlag, Völckersstraße 14–20, 22765 Hamburg
Producing und Satz: Roman Bold & Black, Köln
Übersetzung: Tobias Büscher
Lektorat: Silke Büscher
Printed in Spain
0115550394
www.xenos-verlag.de
www.facebook.com/nelsonverlag

Bildnachweis:
Fotos der Rezepte: Cristina Rivarola
Vignetten: notkoo/shutterstock; paulina8/shutterstock
Fotografien: Frühling: Warren Goldswain/shutterstock;
Sommer: Cheryl Casey/shutterstock;
Herbst: Ramona Heim/shutterstock;
Winter: oliveromg/shutterstock